Clima

Uma abordagem factfulness

Décio Martins de Medeiros

São Paulo – Brasil – 2022

Informações bibliográficas:
Autor: Décio Martins de Medeiros.
Título: Clima.
Subtítulo: Uma abordagem factfulness.
Local, Ano: São Paulo-Brasil, 2022.
Páginas: 70 páginas tamanho 6”x9”.
Assuntos: 1.Clima.

Sumário

Factfulness

Baseado em fatos, em fontes confiáveis, é isto que significa a palavra inglesa 'factfulness' criada por Hans Rosling e filhos.

Antes da pandemia do Covid-19 foi publicado um livro do falecido Hans Rosling intitulado 'Factfulness', que mostra como a leitura correta dos fatos evita que você seja manipulado pela opinião alheia.

Muito interessante ele listar os cinco riscos globais urgentes com os quais devemos nos preocupar: pandemia global, colapso financeiro, guerra mundial, mudança climática e extrema pobreza.

Sobre o clima, como em qualquer assunto, existem muitas opiniões, muita polêmica, muitos conflitos de interesses.

A proposta deste livro é fazer uma abordagem baseada em fatos e sem conflitos de interesses.

Conflito de Interesses

Existe conflito de interesses quando um cientista recebe verba pública para defender uma hipótese de interesse político.

Cientistas versus cientistas

Em 23 de setembro de 2019 mais de 500 cientistas e profissionais com conhecimento e experiência em clima enviaram uma carta ao Secretario Geral da Organização das Nações Unidas solicitando que a ONU siga uma politica climatica baseada em ciência sólida, economia realista e preocupação genuina com a população e convidando o secretário a organizar uma reunião entre cientistas de classe mundial de ambos os lados do debate climático.[1]

Originalmente assinaram a carta os seguintes cientistas e profissionais brasileiros:

Luiz Carlos Baldicero Molion, professor emérito da Universidade Federal de Alagoas.

Ricardo Augusto Felicio, professor da Universidade de São Paulo.

Geraldo Luis Saraiva Lino, geologista, autor do livro "A fraude do aquecimento global: como um fenômeno natural foi convertido numa falsa emergência mundial".

Thiago Maia, Físico Nuclear com PhD em Astrofísica.

---

[1] https://clintel.nl/prominent-scientists-warn-un-secretary-general-guterres/

Igor Vaz Maquieira, biologista, especialista em gerenciamento ambiental.

Mario de Carvalho Fontes Neto, agronomista, editor de 'The Great Global Warming Swindle'

Daniela de Souza Onca, professora da Universidade do Estado de Santa Catarina.

Posteriormente outros profissionais brasileiros se juntaram ao grupo acima.[2]

Leia a tradução da carta original:

Não há emergência climática
Uma rede global de 500 cientistas e profissionais preparou essa mensagem urgente. A ciência climática deve ser menos política, enquanto as políticas climáticas devem ser mais científicas. Os cientistas devem abordar abertamente as incertezas e exageros em suas previsões do aquecimento global, enquanto os políticos devem apontar desapaixonadamente os benefícios reais, bem como os custos imaginados de adaptação ao aquecimento global, e os custos reais, bem como os benefícios imaginados da mitigação.

Fatores naturais e antropogênicos causam aquecimento

---

[2] https://clintel.org/brasil-wcd/

O arquivo geológico revela que o clima da Terra variou desde que o planeta existe, com fases frias e quentes naturais. A Pequena Idade do Gelo terminou em 1850. Portanto, não é surpresa que agora estamos passando por um período de aquecimento.

O aquecimento é muito mais lento do que o previsto
O mundo aqueceu a menos da metade da taxa originalmente prevista e a menos da metade da taxa esperada com base na força antropogênica líquida e no desequilíbrio radiativo. Isto nos diz que estamos longe de entender as mudanças climáticas.

A política climática se baseia em modelos inadequados
Os modelos climáticos têm muitas deficiências e não são remotamente plausíveis como ferramentas políticas. Além disso, é mais provável que exagerem o efeito de gases de efeito estufa, como o CO2. Além disso, eles ignoram o fato de que enriquecer a atmosfera com CO2 é benéfico.

CO2 é alimento vegetal, a base de toda a vida na Terra
O CO2 não é um poluente. É essencial para toda a vida na Terra. A fotossíntese é uma bênção. Mais CO2 é benéfico para a natureza, esverdeando a Terra: CO2 adicional no ar promoveu o crescimento da biomassa global das plantas. Também é bom para a agricultura, aumentando a produtividade ou a colheita em todo o mundo.

O aquecimento global não aumentou desastres naturais

Não há evidências estatísticas de que o aquecimento global esteja intensificando furacões, inundações, secas e desastres naturais semelhantes, ou tornando-os mais frequentes. No entanto, as medidas de mitigação de CO2 são tão prejudiciais quanto caras. Por exemplo, turbinas eólicas, matam pássaros e morcegos e plantações de óleo de palma destroem a biodiversidade das florestas tropicais.

A política deve respeitar as realidades científicas e econômicas

Não há emergência climática. Portanto, não há motivo para pânico e alarme. Nos opomos firmemente à política nociva e irrealista de CO2 líquido-zero proposta para 2050. Se surgirem melhores abordagens, teremos tempo suficiente para refletir e se adaptar. O objetivo da política internacional deve ser fornecer energia confiável e acessível o tempo todo e em todo o mundo.

***

Além da carta, os mais de 500 cientistas e profissionais do clima recomendaram aos líderes políticos que a ciência se esforce para uma compreensão significativamente melhor do sistema climático, enquanto a política deve se concentrar em minimizar os possíveis danos climáticos, priorizando estratégias de adaptação baseadas em tecnologias comprovadas e acessíveis.

Uma abordagem factfulness

A sabedoria popular nos ensina que "as pessoas assumem demais e logo pulam para a conclusão."

Hans Rosling, em seu livro Factfulness, apresenta as 10 tendências humanas que distorcem nossa opinião, ao invés de simplesmente nos basearmos em fatos, e sugere 10 antídotos. [3]

Anna Rosling Rönnlund, cofundadora da Fundação Gapminder e coautora do livro Factfulness explica[4] o que precisamos fazer para acabar com o abismo entre o que pensamos que sabemos e o que realmente está acontecendo com as mudanças climáticas.

A primeira coisa a fazer é falar sobre mudança climática sem politizá-la.

A segunda é falar baseado em fatos científicos, mas de uma forma que as pessoas possam entender.

---

[3] https://prazercompartilharblog.wordpress.com/2019/09/06/do-not-jump-to-conclusion/

[4] https://www.man.com/maninstitute/mind-the-climate-change-knowledge-gap

A terceira é avaliar se é preciso encontrar culpados pela mudança climática. Hans Rosling recomenda cautela no tema Emissões de Carbono Per Capita.

O tema do Clima Global é polêmico pois além dos dados científicos empíricos ou teóricos, está sujeito à hipóteses, à falta de experimentação, à opiniões, à interesses políticos, à interesses financeiros, à paixões, etc.

O estudo da lógica do clima permite várias abordagens. Nesta abordagem procuramos nos basear apenas em fatos, frios e duros, pois como ensina a sabedoria popular: "Contra fatos não há argumentos!" . Como disse John Adams, segundo presidente dos EUA: "Fatos são coisas teimosas; e quaisquer que sejam nossos desejos, inclinações, ou o que dita nossas paixões, estes não podem afetar o estado dos fatos e evidência".

Vamos analisar uma série de afirmações "lógicas" sobre o clima do planeta e vamos classificá-las como falácia ou hipótese ou comprovada.

1.Se o aquecimento global ultrapassar 2 graus Celsius então teremos catástrofes. Isto é uma falácia conforme ensina o prof. Molion: "Catastrofes sempre ocorreram com clima frio ou quente". [5]

---

[5] https://youtu.be/MP3Rp6iQq6A

2.Se o desmatamento e/ou queimadas aumentarem então teremos mais emissão de CO_2 na atmosfera. Esta é uma afirmação comprovada.

3.Se observarmos os ciclos solares combinados então veremos o impacto na envoltoria da curva de variação da temperatura media do planeta. Esta é uma afirmação comprovada. [6]

4.Se observarmos a serie historica do aumento de concentração de CO_2 na atmosfera então veremos que não tem correlação com a variação da temperatura média do planeta, que é cíclica. Esta é uma afirmação comprovada. [7]

O prof. Molion ensina: "Entre 1920 e 1940 a temperatura media aumentou em mais de 4 graus Celsius mesmo com uma concentração de CO_2 menor que 300 ppm, conforme grafico apresentado da série de temperatura no Ártico segundo a fonte CRU/UEA-Jones et al. Entre 1945 e 1960, mesmo com o aumento da emissão de CO_2, a temperatura média diminuiu." [8]

---

[6] https://prazercompartilharblog.wordpress.com/2019/09/16/a-dinamica-do-clima-e-governada-por-oscilacoes-periodicas/

[7] https://prazercompartilharblog.wordpress.com/2019/09/18/a-variacao-da-temperatura-media-e-ciclica/

[8] https://youtu.be/MP3Rp6iQq6A

5.Se observarmos a serie historica do clima global ou dos continentes ou dos oceanos então veremos que o clima da Terra é variável. Esta é uma afirmação comprovada.

6.Se observarmos a serie histórica de temperaturas globais ou dos continentes ou dos oceanos então constataremos que os seres humanos já sobreviveram a temperaturas mais quentes e mais frias que as atuais. Esta é uma afirmação comprovada.

7.Se observarmos a serie histórica de cobertura de nuvens então veremos que é um fenomeno essencial no controle da temperatura do planeta. Esta é uma afirmação comprovada. [9]

8.Se observarmos os ciclos de aquecimento e resfriamento do Oceano Pacífico então veremos que a temperatura da superfície dos oceanos é outro fator importante no controle do clima global. Esta é uma afirmação comprovada. [10]

9.Se considerarmos que os fluxos de Carbono provocados pela humanidade são de 9 bilhões de toneladas por ano então isso representa menos de 6% dos fluxos naturais de Carbono , provocados por oceanos, solos e biota, que são

[9] https://youtu.be/MP3Rp6iQq6A
[10] https://youtu.be/MP3Rp6iQq6A

estimados entre 160 e 240 bilhões de toneladas por ano. Esta é uma afirmação comprovada. [11]

10.Se para o efeito estufa ao invés de seguirmos o conceito de Joseph Fourier -1826 passarmos a usar o conceito de Robert Wood -1909 então veremos que a suposição do IPCC está incorreta porque a mecânica quantica mostra que não ocorre. Esta é uma afirmação comprovada. [12]

11.Se estudarmos o derretimento das calotas polares então veremos que a causa é o transporte de calor das correntes oceânicas, conforme já relata a Monthly Weather Review de novembro de 1922. Esta é uma afirmação comprovada. [13]

12.Se observarmos a realidade então veremos que os valores reais estão abaixo da média dos projeções dos modelos catastróficos. Os modelos tendem a superaquecer os oceanos quando a realidade observada é mais fria. Esta é uma afirmação comprovada. [14]

13.Se observarmos a série histórica de concentração de CO2 na atmosfera terrestre então veremos que este planeta já teve 7000 ppm de CO2 e atualmente tem 400 ppm. A

---

[11] https://youtu.be/MP3Rp6iQq6A
[12] https://youtu.be/MP3Rp6iQq6A
[13] https://youtu.be/MP3Rp6iQq6A
[14] https://youtu.be/MP3Rp6iQq6A

maioria das plantas deixam de viver em concentrações abaixo de 200 ppm. Esta é uma afirmação comprovada. [15]

Em resumo:

Como disse o prof. Molion, não alinhado ao IPCC, em sua apresentação ao Senado[16] em maio de 2019: "Não se nega que houve um aquecimento global desde o início do século 20, o que se nega é que este aumento da temperatura media tenha sido causado pela humanidade com aumento das emissões de CO2 e CH4. As evidências físicas apontam que as causas são naturais e não humanas. Reduzir as emissões de CO2 não adianta nada porque ele não controla o clima global!"

Como ensina o prof. Gylvan, alinhado ao IPCC:

"Não é de se esperar uma relação direta entre a concentração, digamos, do CO2, e a temperatura da superfície… O objeto do aquecimento são os oceanos, pois a capacidade calorífica dos continentes é muito baixa, com o efeito isolante da terra…

Para complicar a coisas, o oceano não distribui o aquecimento instantaneamente. O aumento do efeito estufa aquece a superfície do oceano. Essa energia é

---

[15] https://youtu.be/MP3Rp6iQq6A
[16] https://youtu.be/MP3Rp6iQq6A

transmitida para o interior do oceano lentamente. Uma escala de tempo de cerca de 30 anos para a camada superficial, e várias centenas de anos para as camadas profundas, porque a transmissão de calor depende do seu transporte pelas correntes oceânicas. ..

Em resumo, se houver um aumento brusco da concentração de CO2 na atmosfera, a temperatura sobe lentamente, como um menos a exponencial do tempo dividido por 50 anos até atingir um novo equilíbrio…

A mudança antrópica do clima é relativamente recente. O que se observa hoje tem a ver com o aumento de concentração de poucas décadas atrás.

A temperatura observada representa não somente o efeito estufa aumentado, mas está sobreposta à variabilidade natural.. Assim, não é de esperar uma correlação entre concentração e aumento de temperatura no curto espaço de tempo entre o aumento da concentração e hoje." [17]

É também interessante assistir as audiências sobre o tema no Senado Federal. [18]

---

[17] Trechos do e-mail de 22/09/2019 enviado pelo Prof. Gylvan – ITA-ELE-1964

[18] https://youtu.be/5vsfx7OmmIg

Fato sobre emissões de carbono per capita

Vamos aos fatos. Vamos aprender com os ensinamentos de Hans Rosling: [19]

Controle a pressão para urgência. Se alguém diz que tem que agir agora, de um passo para trás. Urgência impede de pensar com clareza.

A urgência pregada pelos "especialistas" em clima global causa medo! Urgência com medo causa decisões erradas.

A abordagem sobre o clima deve ter uma avaliação cuidadosa, uma análise sistemática, com decisões bem ponderadas e com ações incrementais.

Sem exageros. Exageros enfraquecem a credibilidade.

Para as hipóteses de cenários futuros devemos mostrar os três cenários: o pior, o provável e o melhor. Isto ajuda as pessoas a entenderem os fatos e as hipóteses.

Previsões do tempo não são precisas devido à complexidade dos sistemas envolvidos. Existem muitas mudanças de temperatura, velocidade do vento, umidade.

[19] Factfulness, Hans Rosling, edição 2019, páginas 150 a 151, 240 a 245, 300.

Vamos buscar mais dados e assustar menos as pessoas com cenários improváveis.

Hans Rosling alerta: *"Quando se é chamado para a ação, às vezes a ferramenta mais útil que você pode ter são dados aprimorados. Às vezes, as afirmações são baseadas em fortes evidências científicas, mas em muitos casos se trata de hipóteses improváveis e não comprovadas."*

Devemos olhar para os piores cenários, mas não esquecer da incerteza nos dados.

Outro ponto importante na abordagem factfulness é não usar numeros absolutos em comparações e sim numeros relativos. Por exemplo devemos contar as emissões de dióxido de carbono por pessoa. Não há sentido em comparar emissões por nação quando existe variações enormes no tamanho das populações.

Vamos buscar os dados de CO2 per capita, isto é, o valor das emissões totais por nação dividido pela população de cada país, assim teremos valores comparáveis.

Os dados foram extraídos do site Our World In Data. [20]

Por exemplo, para o ano de 2020, a emissão anual de CO2 em toneladas per capita para o mundo todo foi de 4,47.

Para o Brasil o valor foi de 2,20.

---

[20] https://ourworldindata.org/co2-emissions#per-capita-co2-emissions

O maior emissor foi o Catar com 37,02.

Alguns outros valores para comparação:

Australia: 15,37

Estados Unidos: 14,24

Canada: 14,20

Russia: 10,81

Alemanha: 7,69

China: 7,41

India: 1,77

Os dados são reveladores e não justificam a pressão que é feita sobre os países em desenvolvimento!

Fato sobre a dinamica do clima

A dinâmica do clima é governada por oscilações periódicas.

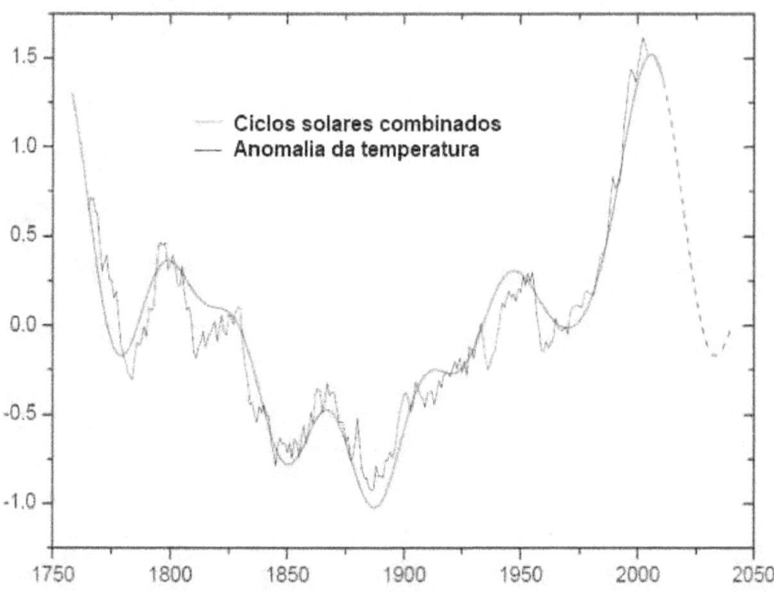

O gráfico apresenta a correlação entre as variações da temperatura média e os ciclos solares combinados.

O artigo completo

Lüdecke, H.-J., Hempelmann, A., and Weiss, C. O.: Multi-periodic climate dynamics: spectral analysis of long-term instrumental and proxy temperature records, Clim. Past, 9, 447–452, https://doi.org/10.5194/cp-9-447-2013, 2013.

está disponível em

https://www.clim-past.net/9/447/2013/cp-9-447-2013.pdf

Os autores do artigo consideraram as variações das temperaturas médias divididas pelo desvio padrão dos registros dos instrumentos de seis cidades da Europa Central: Praga, Hohenpeissenberg, Kremsmunster, Viena, Paris e Munique. Além disso consideraram as variações das temperaturas divididas pelo desvio padrão, de registro de um estalagmite de uma caverna na Austria e de registro de nucleo de gelo da Antártida.

Os registros dos instrumentos começaram em 1757 AD. Os registros mostraram uma queda de temperatura no século 19 e aumento no século 20.

Os autores utilizaram a média dos registros para as análises matemáticas. Fizeram também a correlação de Pearson entre a média, suavizada por uma média móvel de 15 anos e a reconstrução da história usando as seis frequências significativas. O bom ajuste entre as curvas mostra que a dinâmica climática é governada atualmente por oscilações periódicas.

A concordância da reconstrução da história da temperatura, usando apenas os seis componentes mais fortes do espectro, com a média, mostra que a dinâmica climática atual é dominada por processos periódicos. Isso não descarta um aquecimento por influências antropogênicas tais como aumento de CO2 atmosférico. Por outro lado existem também outras causas naturais de dinâmicas periódicas, tais como o movimento planetario, ciclos solares e interação atmosfera-oceano-mar-gelo.

A qualidade da reconstrução da história das temperaturas médias sugere prever mudanças de temperatura no futuro próximo, conforme indicado no gráfico.

Fato sobre a variação da temperatura média

Os gráficos mostram que a variação da temperatura média é cíclica e não tem correlação com a concentração de CO2 na atmosfera.

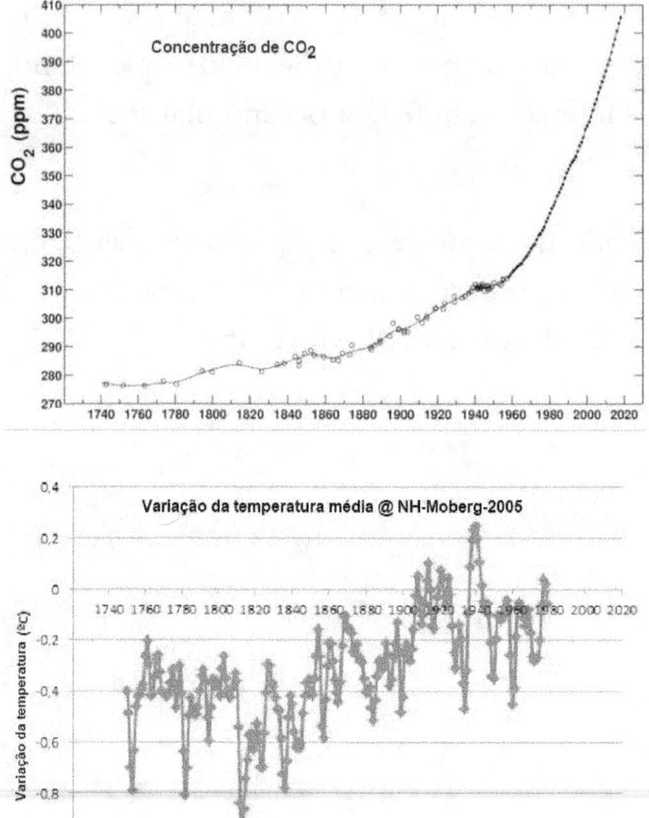

Dados das variações da temperatura média anteriores a 1979 no hemisfério norte foram disponibilizados por:

*Moberg, A., et al. 2005.

2,000-Year Northern Hemisphere Temperature Reconstruction.

IGBP PAGES/World Data Center for Paleoclimatology

Data Contribution Series # 2005-019.

NOAA/NGDC Paleoclimatology Program, Boulder CO, USA.

e podem ser obtidos em

ftp://ftp.ncdc.noaa.gov/pub/data/paleo/contributions_by_author/moberg2005/nhtemp-moberg2005.txt

Registros da concentração de CO2 na atmosfera anteriores a 1958 com base em dados de nucleo de gelo foram disponibilizados por

*Macfarling Meure, C. et al., 2006: Law Dome CO2, CH4 and N2O ice core records extended to 2000 years BP. Geophysical Research Letters, 33.

Registros da concentração de CO2 na atmosfera posteriores a 1958 com base em observações diretas em Mauna Loa e no Polo Sul foram disponibilizados por

*C. D. Keeling, S. C. Piper, R. B. Bacastow, M. Wahlen, T. P. Whorf, M. Heimann, and H. A. Meijer, Exchanges of atmospheric CO2 and 13CO2 with the terrestrial biosphere and oceans from 1978 to 2000. I. Global aspects, SIO Reference Series, No. 01-06, Scripps Institution of Oceanography, San Diego, 88 pages, 2001.

E podem ser obtidos em

http://scrippsco2.ucsd.edu/data/atmospheric_co2/icecore_merged_products

Os links a seguir apresentam mais artigos mostrando que não há correlação entre a concentração de CO2 na atmosfera e as variações da temperatura média do planeta:

https://blog.mr-int.ch/wp-content/uploads/2015/05/in-search-of-correlation.pdf

http://www.co2science.org/articles/V21/sep/a13.php

http://www.mitosyfraudes.org/Calen/correlaEng.html

Fato sobre o efeito da inclinação do eixo da Terra

O estudo *Changes in obliquity drive tree cover shifts in eastern tropical South America*[21] foi publicado no periódico Quaternary Science Reviews e demonstra que a densidade de árvores no Cerrado foi principalmente controlada pela duração da estação seca nos últimos 45 mil anos.

O trabalho é parte da dissertação de mestrado de Jaqueline Quirino Ferreira e foi coordenado por Cristiano Mazur Chiessi.

Chiessi explica, no artigo publicado pela Fapesp[22] :

"... as mudanças na duração da estação seca da região estariam relacionadas a alterações na radiação recebida do Sol. Estas, por sua vez, foram induzidas por variações na inclinação do eixo de rotação da Terra".

O artigo salienta que a inclinação do eixo da Terra varia ciclicamente entre um mínimo de 22°00' e um máximo de 24°30'. O ciclo completo dura cerca de 41 mil anos.

---

[21] https://www.sciencedirect.com/science/article/pii/S0277379122000336?dgcid=coauthor

[22]https://agencia.fapesp.br/menor-inclinacao-do-eixo-da-terra-provocou-no-passado-o-ressecamento-do-clima-no-nordeste/38168/

O artigo também esclarece que "a compreensão de como os ecossistemas se adaptaram às variações do passado fornece uma perspectiva de longo prazo sobre a magnitude e os aspectos espaciais e temporais das mudanças ecológicas em curso".

Fato: o impacto da natureza é muito maior do que do ser humano

O artigo 'Ciclos climáticos e causas naturais das mudanças do clima' é bem interessante e mostra como nosso planeta tem sobrevivido a fenômenos de escala muito maior do que o ser humano é capaz de produzir.

O artigo começa chamando a atenção para o fato de que "A presente histeria sobre aquecimento global...não ajuda os cidadãos a compreender as forças reais e complexas que moldam o clima da Terra."

Neste artigo, "Com base em extensa revisão bibliográfica, contempla-se a explicação dos principais ciclos climáticos: ciclos solares, ciclos das eras glaciais, ciclos de queda de asteroides e cometas, ciclos oceânico-atmosféricos e ciclos bio-geo-oceânico-atmosféricos relacionados ao tectonismo, vulcanismo, raios cósmicos e formação de supercontinentes."

Entre tantos fenomenos naturais, "somente nos últimos anos os cientistas estão começando a reconhecer a influência dos ciclos oceânicos-atmosféricos no clima. Compo & Sardeshmukh (2009) alegam que o recente aquecimento da Terra ocorreu em grande parte em resposta a um aquecimento dos oceanos no mundo todo, e não como uma resposta direta à crescente emissão antropogênica de gases de efeito estufa."

Gostei do texto de facil entendimento, dos varios gráficos e figuras, e recomendo a leitura.

O artigo 'Ciclos climáticos e causas naturais das mudanças do clima' foi publicado na Terræ Didatica, 13(3):149-184.

O artigo está disponível para download na internet. [23]

---

[23] https://periodicos.sbu.unicamp.br/ojs/index.php/td/article/view/8650958/17527

Fato: não há consenso quanto ao catastrofismo!

O engenheiro agrônomo Xico Graziano em artigo disponível na internet[24] comenta que a hipótese de que a Amazônia poderia virar uma savana foi patrocinada pelo climatologista Carlos Nobre, que acreditava que, se o aquecimento ultrapassasse 4°C e o desmatamento ultrapassasse 25%, na Amazônia, então ela poderia virar uma savana dentro de 20 a 50 anos.

O falecido professor emérito da USP e geógrafo Aziz Ab'Sáber discordava e afirmava que as correntes marítimas não foram consideradas pelo IPCC (Painel Intergovernamental das Mudanças de Clima).

Xico Graziano termina o artigo dizendo: "*Todos concordamos com a necessidade de barrar o desmatamento da Amazônia.... Não é certo que a selva densa virará uma savana rala. A Amazônia continuará viva. Por mais que teimem os catastrofistas ecológicos...*"

[24] https://agrosaber.com.br/amazonia-nao-virara-uma-savana-diz-xico-graziano/

Com a palavra um especialista brasileiro

Em maio de 2019 o prof Molion fez uma palestra sobre causas da variação da temperatura media global.

O video de 40 min está disponível em https://youtu.be/eaWeJ4amaBw

A seguir apresento um resumo da palestra de Luiz Carlos Baldicero Molion, professor da Universidade de Évora (Portugal) ; Universidade Federal de Alagoas (Brasil); Universidade de Western Michigan (EUA), em 28 de maio de 2019 nas Comissões de Relações Exteriores e de Meio Ambiente, sobre mudanças climáticas e aquecimento global:

O clima da Terra é variável.

Os seres humanos já sobreviveram a temperaturas mais quentes e mais frias que as atuais.

Entre 1920 e 1940 a temperatura media aumentou em mais de 4 graus Celsius mesmo com uma concentração de CO2 menor que 300 ppm, conforme grafico apresentado da série de temperatura no Ártico segundo a fonte CRU/UEA-Jones et al. Entre 1945 e 1960, mesmo com o aumento da emissão de CO2, a temperatura média diminuiu.

Não se nega que houve um aquecimento global desde o início do século 20, o que se nega é que este aumento da temperatura media tenha sido causado pela humanidade com aumento das emissões de CO_2 e CH_4. As evidências físicas apontam que as causas são naturais e não humanas.

Observando o gráfico apresentado dos ciclos solares vemos que no inicio do século 20 o Sol esteve mais ativo nesta série histórica de 250 anos. O gráfico apresentado mostra que a cobertura de nuvens é um fenomeno essencial no controle da temperatura do planeta.

Outro fator importante é a temperatura da superfície dos oceanos no controle do clima. O gráfico apresentado mostra os ciclos de aquecimento e esfriamento do oceano Pacífico. Nas fases quentes temos maior numero de El Niño fortes, maior liberação de calor dos oceanos e mais aquecimento global. O oceano Pacífico ocupa uma grande parte da superfície da Terra e tem grande influência no clima global.

Os fluxos naturais de Carbono , provocados por oceanos, solos e biota, são estimados entre 160 e 240 bilhões de toneladas por ano enquanto que os fluxos de Carbono provocados pela humanidade são de 9 bilhões de toneladas por ano, portanto menos de 6%.

O efeito estufa, como descrito pelo IPCC que seguiu o conceito de Joseph Fourier (1826), está incorreto conforme demonstrou Robert Wood (1909). A suposição do IPCC está incorreta porque a mecânica quantica mostra que não ocorre.

Reduzir as emissões de CO2 não adianta nada porque ele não controla o clima global!

Catastrofes sempre ocorreram com clima frio ou quente. Medir o nível do mar é missão impossível por causa de movimentos de placas tectônicas, ondas, ciclo lunar, ventos, etc.

O derretimento das calotas polares não é culpa do ser humano e sim pelo transporte de calor das correntes oceânicas, e não é por causa de uma mudança do clima de agora, conforme já relata a Monthly Weather Review de novembro de 1922 .

As previsões catastróficas saem de modelos computacionais com problemas pois não conseguem reproduzir o clima global (trata mal o ciclo hidrológico, subsetimam a cobertura de nuvens, chuva); superaquecem os oceanos que cobrem 71% da superfície da Terra (armazenamento de calor, El Niños, transporte de calor para fora dos trópicos).

Os gráficos apresentados mostram que as observações da realidade estão abaixo da média dos projeções dos modelos catastróficos Os modelos tendem a superaquecer os oceanos quando a realidade observada é mais fria.

O clima está mudando e veremos um resfriamento global com as seguinte causas:

-o proximo ciclo solar, conforme grafico apresentado, começa em 2020 e vai até aproximadamente 2031, terá um minimo de atividade solar, e a tendencia será ter mais nuvens e consequentemente o resfriamento dos oceanos e em seguida do planeta.

-o ciclo lunar também interfere no tempo e no clima. A tabela apresentada mostra o resultado.

A conclusão é que as causas das variações da temperatura media global são de origem na natureza e não na humanidade.

O CO2 não controla o clima global. Ele não é um gás vilão, ele é um gás da vida. Este planeta já teve 7000 ppm de CO2 atualmente tem 400 ppm. A maioria das plantas deixam de viver em concentrações abaixo de 200 ppm.

Com a palavra um especialista austríaco-americano

O físico Siegfried Fred Singer, falecido em 2020, foi um cético sobre o aquecimento global. Ele afirmava que os modelos de computador não refletiam com precisão o que acontecia no clima real e que o aquecimento futuro será, no máximo, modesto. Ele afirmava que:

A mudança climática é um fenômeno natural. O clima continua mudando o tempo todo. O fato de que existem mudanças climáticas não são em si uma ameaça.

A humanidade é capaz de afetar o clima em escala local. As cidades são mais quentes que os subúrbios. O ser humano, ao produzir energia, ao apenas viver, gera calor.

Se os seres humanos podem ou não produzir uma mudança climática global é uma questão importante, mas as medidas reais, os dados, são ambíguos. Os dados mostram que o clima aqueceu entre 1900 e 1940, depois o clima esfriou entre 1940 e 1975, depois aqueceu novamente por cerca de cinco anos, mas desde 1979, o clima vem esfriando um pouco.

O registro de superfície continua subindo, mas os termômetros estão localizados principalmente perto das cidades e, à medida que as cidades se expandem, ficam mais quentes. Melhor confiar em satélites meteorológicos.

A única maneira de prever o futuro é usar modelos, mas esses modelos estão sendo validados por observações? Não, ainda não. Talvez no futuro tenhamos modelos que concordem com as observações reais.

As medições feitas em laboratório podem ser feitas com muita precisão e sob condições controladas, mas a atmosfera não é um laboratório, é muito mais complicada.

À medida que o dióxido de carbono aumenta, você esperaria um aquecimento. Mas ao mesmo tempo que você obtém esse aquecimento, você obtém mais evaporação do oceano. O efeito desse vapor de água adicional na atmosfera é criar nuvens, que refletirão a radiação solar e reduzirão o aquecimento. Os modelos não são bons o suficiente para considerar, de maneira adequada, a criação de nuvens. Não é possível neste momento ter certeza de quanto aquecimento se obterá com um aumento no dióxido de carbono.

Se o oceano aquecer, a água se expandirá e o nível do mar subirá. Outro fator é que as geleiras das montanhas tenderão a derreter e, portanto, adicionar água aos rios, e os rios adicionarão água ao oceano, e isso também produzirá um aumento. Mas contrabalançando isso está o fato de que mais água evaporará do oceano porque agora está mais quente. E isso cairá como chuva por toda a terra. E parte da chuva cairá sobre a Antártida, onde se transformará em gelo e se acumulará. O acúmulo de gelo diminuirá o nível do mar porque retira a água do oceano e a coloca na calota de gelo. Analisei as medições e vejo que o acúmulo de gelo é mais importante.

Uma erupção vulcânica produz um forte resfriamento. Mudanças na radiação solar podem produzir aquecimento ou resfriamento, dependendo de como a mudança está ocorrendo. São feedbacks positivos que aumentam o aquecimento ou são feedbacks negativos que diminuem o aquecimento? E a evidência, até onde posso dizer, parece ser que os feedbacks negativos devem ser importantes, porque não vemos o aquecimento esperado do atual aumento do dióxido de carbono.

Um dos principais modelistas climáticos é Jim Hanson. Na verdade, ele foi o homem que, dez anos atrás, se arriscou e disse que tinha certeza de que o efeito estufa aumentado estava aqui. Ele agora diz que não podemos realmente dizer. Ele diz que os eventos naturais são tão incertos que são muito mais importantes do que os modelos climáticos.

Existem cerca de duas dúzias de modelos climáticos no mundo. Eles não concordantes. Alguns modelos prevêem um aquecimento para uma duplicação de CO2, digamos, cinco graus centígrados, enquanto outros modelos prevêem algo como um grau. Em alguns modelos, as nuvens produzem um aquecimento adicional. Em alguns modelos, as nuvens produzem um resfriamento.

Os modelos atuais falham em explicar porque uma era glacial começa ou porque uma era glacial termina.

Você certamente encontra uma associação entre mudanças de dióxido de carbono e mudanças de temperatura, mas os cientistas tem sido muito cuidadosos em apenas chamar isso de associação sem identificar qual é a causa e qual é o efeito.

No início de 1999, havia um artigo na revista Science que mostrava que a mudança de temperatura veio primeiro, seguida pela mudança de dióxido de carbono cerca de 600 anos depois. Isso significa que algo mudou a temperatura, não o dióxido de carbono. Mas então, à medida que o clima esquentou, mais dióxido de carbono aparentemente foi liberado do oceano para a atmosfera.

Estamos sendo solicitados a comprar uma apólice de seguro contra um risco muito pequeno, se for o caso, e pagar um prêmio muito alto. Estamos sendo solicitados a reduzir o uso de energia, não apenas em alguns por cento, mas, de acordo com o Protocolo de Kyoto, em cerca de 35 por cento em dez anos. Tudo o que o Protocolo de Kyoto faria seria reduzir ligeiramente a atual taxa de aumento de dióxido de carbono.

Alguns bons especialistas acreditam que o dióxido de carbono nunca dobrará [na/perto] da atmosfera. Eles acreditam que a chamada descarbonização da nossa economia, que já vem acontecendo há algum tempo, vai continuar. Ou seja, usaremos cada vez menos combustíveis fósseis para produzir uma unidade de PIB.

Eles também acreditam que os combustíveis fósseis se tornarão mais caros à medida que se esgotarem e que, portanto, de uma maneira muito natural, os combustíveis não fósseis serão usados para produzir energia. A energia nuclear é um bom exemplo.

Os níveis de dióxido de carbono já aumentaram 50% desde o início da era industrial, nos últimos cem anos. Então, onde está o aumento de temperatura a partir disso? Por que não vemos?

Como você pode distinguir um aquecimento produzido por um aumento de dióxido de carbono de um aquecimento produzido por alguma outra causa – digamos, pelo sol? São questões importantes que precisam ser resolvidas.

Temos evidências geológicas de que os níveis de dióxido de carbono eram vinte vezes maiores durante o registro fóssil do que nos últimos 600 milhões de anos, e vêm diminuindo constantemente. Assim, os níveis de dióxido de carbono têm diminuído. A Terra experimentou níveis muito, muito mais elevados do que temos hoje, sem quaisquer efeitos nocivos aparentes, porque a vida se desenvolveu muito bem.

Se os níveis de dióxido de carbono caíssem abaixo da metade do nível atual, as plantas estariam com problemas reais. Afinal, o dióxido de carbono é alimento vegetal. Sem dióxido de carbono na atmosfera, as plantas desapareceriam. E os animais também. E os seres humanos também. Em outras palavras, temos interesse em garantir que o dióxido de carbono na atmosfera não caia para níveis baixos. Altos níveis de dióxido de carbono não devem nos preocupar. Eles vão fazer as plantas crescerem mais rápido. Eles farão com que a agricultura se torne mais produtiva. Eles incentivarão mais diversidade de animais e contribuirão para uma vida melhor para os seres humanos.

Às vezes, o clima muda rapidamente, sem qualquer intervenção humana. A variabilidade do clima é maior quando o clima é frio e quando o teor de CO2 é baixo. É apenas um fato histórico.

A ciência é decidida por observações que confirmam ou negam uma teoria, uma hipótese. E se eles confirmarem a teoria, você passa para o próximo conjunto de observações e vê se ela ainda se mantém. E se funcionar contra a hipótese, você tenta desenvolver uma nova hipótese. É assim que a ciência progride. E, de fato, historicamente, todo progresso científico surgiu porque as observações ou os fatos experimentais não sustentavam a teoria atual. No negócio do clima, a situação é mais complicada porque também há fatores políticos envolvidos e também há dinheiro envolvido.

Quando você tem um ponto de vista específico – e isso funciona nos dois sentidos – você tende a suprimir fatos ou dados que discordam do seu ponto de vista e tende a favorecer dados, observações que apoiam seu ponto de vista. Você se torna seletivo na maneira como apresenta suas observações. Veja que no relatório do IPCC que tem cerca de 600 páginas sem índice e que pouquissima gente lê, há um resumo de cinco páginas do relatório que todo mundo lê, incluindo políticos e a mídia. E se você examinar o resumo, não encontrará nenhuma menção ao fato de que as observações meteorológicas por satélite dos últimos vinte anos não mostram aquecimento global. Na verdade, mostram um leve resfriamento. As melhores observações que temos são do satélite meteorológico. Eles cobrem o globo inteiro. As observações de superfície não cobrem todo o globo. Eles deixam de fora grandes pedaços do globo. Eles não cobrem muito bem os oceanos, que são 70% do globo. Então você vê, o resumo usa dados seletivamente, ou pelo menos suprime dados que são inconvenientes, que não concordam com o paradigma, com o que eles estão tentando provar.

O negócio do clima não funciona como a ciência laboratorial. O clima está em constante mudança. Certamente mudará à medida que a radiação solar se tornar mais forte ou mais fraca. E sabemos que a radiação solar flutua em um ciclo de 11 anos e em ciclos mais longos.

Não pense que 2.500 cientistas do IPCC concordam que o aquecimento global está chegando, e será de dois graus centígrados no ano 2100. Não é bem assim. Em primeiro lugar, se você contar os nomes no relatório do IPCC, é menos de 2.000. Se você contar o número de cientistas climáticos, é cerca de 100. Se você perguntar quantos deles concordam, a resposta é: você não pode dizer porque nunca houve uma pesquisa. Esses cientistas realmente trabalharam no relatório. Concordam com o relatório, obviamente, em particular com o capítulo que escreveram. Eles não concordam necessariamente com o resumo, porque o resumo foi escrito por um grupo diferente, um punhado de cientistas do governo que tinham um ponto de vista específico, e extraíram do relatório os fatos que tendiam a apoiar seu ponto de vista.

A única conclusão deste relatório de 1996 - que há uma influência humana discernível no clima. Por outro lado, certamente não significa que os modelos climáticos foram validados, que haverá um grande aquecimento no próximo século. Isso não significa isso. Os cientistas não dizem isso. Os políticos apenas o insinuam.

Qual é o impacto de um clima mais quente? Qual o impacto na agricultura? A resposta é: é positivo. É bom. Qual é o impacto nas florestas de maiores níveis de CO2 e temperaturas mais altas? É bom. Qual é o impacto no abastecimento de água? É neutro. Qual é o impacto sobre o nível do mar? Produzirá uma redução na elevação do nível do mar. Não vai elevar o nível do mar!.

A entrevista completa está disponível em https://www.pbs.org/wgbh/warming/debate/singer.html

E o que vem em seguida?

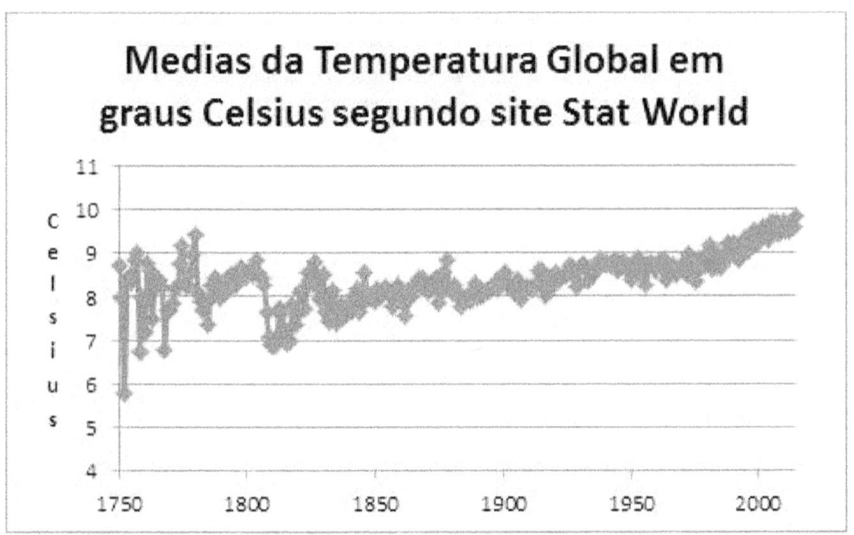

Sabemos por experiência que a temperatura varia ao longo do dia, do mês, do ano, dos lugares.

Nos estudos de mudanças climáticas se observa as "anomalias" de temperatura mais do que os valores absolutos de temperatura. A "anomalia" de temperatura é a diferença a partir de uma média, uma referencia, de temperatura.

As causas destas variações podem ser naturais ou humanas. Com relação ao Aquecimento ou Resfriamento Global há os que afirmam que causas humanas tem impacto muito maior que causas naturais enquanto outros afirmam o contrário, isto é, que causas naturais tem impacto muito maior que causas humanas.

O site Stat World apresenta as temperaturas do planeta. https://stat.world/biportal/?project=%2FClimate+Statistics%2FGlobalTemperatures
O site Stat World apresenta as medias anuais de temperatura do planeta: https://stat.world/biportal/contourbi.jsp?project=%2FClimate+Statistics%2FGlobalTemperatures&report=Global Temperatures&toolbar=off&slice=slice1&view=view1
O site Stat World apresenta a faixa de variação de temperatura: https://stat.world/biportal/contourbi.jsp?project=%2FClimate+Statistics%2FGlobalTemperatures&report=Global Temperatures&toolbar=off&slice=slice9&view=view1
A amplitude da variação da temperatura tem aumentado.

Porque se preocupar com uma amplitude de variação de temperatura de 1,5 graus Celsius se durante um dia, ou mes, ou anos, a temperatura varia muito mais do que isso?

Porque foi feito o Acordo de Paris?
E se as causas naturais anularem todos os esforços humanos?

Interessante observar a variação da temperatura média dos continentes (2012 menos 1900) segundo o site https://stat.world/biportal/?project=%2FClimate+Statistics%2FGlobalTemperatures

Temperatura media Celsius	1900	2012	variação
America do Norte	2,32	3,81	1,49
Asia	7,14	8,43	1,29
Europa	7,8	8,91	1,11
America do Sul	22	22,7	0,75
Africa	24	24,7	0,74
Oceania	21,6	21,9	0,29

Resfriamento global?!

O Dr. Willie Wei-Hock Soon, do Harvard – Smithsonian Center for Astrophysics, afirma que a atividade solar está ingressando numa fase de atividade mínima, que causará décadas de resfriamento global ao invés do aquecimento previsto pelo IPCC.

O sol está menos ativo que durante as décadas de 1980 e 1990 e deve se manter nesse estado até cerca de 2050.

Segundo o Dr. Soon, 99,1% de nosso sistema climático é alimentado pela energia do sol e ele explica que o resfriamento global é uma preocupação maior que o aquecimento global.

O resfriamento pode trazer prejuízos para a agricultura.

Assista o vídeo[25] e leia o artigo[26] do Dr. Soon.

---

[25] https://thenewamerican.com/expect-global-cooling-warns-top-climate-scientist-dr-soon/

[26] https://www.sciencedirect.com/science/article/abs/pii/S0273117721002465?via%3Dihub

O planeta Terra está esfriando?!

Um estudo disponível na publicação científica Earth and Planetary Science Letters [27] sugere que o interior do planeta Terra está esfriando mais rápido do que o esperado. O professor emérito de Carnegie, Motohiko Murakami, e sua equipe reproduziram em laboratório o ambiente do interior do planeta e concluiram que o fluxo térmico próximo ao centro da Terra é maior do que o esperado. Um fluxo térmico maior acelera o movimento de arrastamento do manto vindo de correntes que transportam calor do interior da Terra para a sua superfície e assim acelera o processo de esfriar o planeta.

Pergunto: Dá para acreditar em um modelo do interior da Terra feito em um laboratório com condições controladas? Este modelo está de acordo com as observações da realidade? Esta é uma abordagem factfullness? Penso que não... e você?

---

[27] https://www.sciencedirect.com/science/article/pii/S0012821X21005859?via%3Dihub

Pesquisas científicas de ponta

O Ministério da Ciência, Tecnologia e Inovações e a Embaixada Britânica no Brasil lançaram em 24 de março de 2022 a plataforma VIEWPoint Brazil que disponibiliza em linguagem acessível e gratuita pesquisas científicas de ponta sobre os impactos da mudança do clima.

O VIEWpoint Brasil oferecido pelo Instituto para Análises Ambientais com sede na Universidade de Reading, Reino Unido, compartilha demonstradores, vídeos, notas explicativas, notas informativas e artigos.

Confira em

https://www.viewpoint-brazil.org/

Relatórios do IPCC

O IPCC, Painel Intergovernamental sobre Mudanças Climáticas, é um grupo de cientistas estabelecido pelas Nações Unidas para monitorar e assessorar a ciência global relacionada às mudanças climáticas.

Destaca o tamanho do efeito que os seres humanos têm no sistema climático da Terra.

Examina as causas, os impactos e as soluções para conter as mudanças climáticas.

Os relatórios trazem dados mais recentes, e mantém o tom de preocupação, de alarme e de urgência em tratar os impactos futuros das mudanças climáticas.

Recomendam acelerar a transição global para fontes de energia limpas, encontrar outras maneiras de produzir alimentos de forma sustentável e criar fontes de água que suportem a variação climática.

Propõem a utilização de grandes fundos públicos e privados.

***

Seguindo a abordagem factfulness recomendada por Hans Rosling resolvi procurar os fundamentos técnicos dos relatórios do IPCC.

Na página https://www.ipcc.ch/reports/ encontro a afirmação de que o IPCC prepara relatórios sobre o conhecimento de mudanças climáticas, suas causas, seus impactos potenciais e opções de resposta.

O que nos interessa são as causas. Vamos ver onde estão estes dados…

O relatório mais recente que encontramos nesta data foi o publicado em agosto de 2021 sob o título AR6 Climate Change 2021: The Physical Science Basis e que está disponível na internet no link https://www.ipcc.ch/report/sixth-assessment-report-working-group-i/

O capítulo 3 trata da influência humana no sistema do clima e pode ser baixado do link https://www.ipcc.ch/report/ar6/wg1/downloads/report/IPCC_AR6_WGI_Chapter_03.pdf

Um material adicional pode ser baixado do link https://www.ipcc.ch/report/ar6/wg1/downloads/report/IPCC_AR6_WGI_Chapter_03_Supplementary_Material.pdf

O anexo I pode ser baixado do link https://www.ipcc.ch/report/ar6/wg1/downloads/report/IPCC_AR6_WGI_Annex_I.pdf

O glossário pode ser baixado do link https://www.ipcc.ch/report/ar6/wg1/downloads/report/IPCC_AR6_WGI_Annex_VII.pdf

Vamos ler este material em busca de dados e fatos que sejam os fundamentos utilizados pelo IPCC para uso em seus modelos e previsões. Os modelos e previsões não são o foco deste estudo pois queremos apenas as causas.

O primeiro material que li foi o anexo VII, o glossário, do qual anotei as seguintes palavras:

*antropogênico ou antrópico: que resulta ou é produzido por atividades humanas.

*emissões antropogênicas: emissões de gases de efeito estufa (GEEs) causados por atividades humanas, tais como queima de combustíveis fósseis, desmatamento, uso da terra, produção pecuária, fertilização, gestão de resíduos e processos industriais.

*mudança climática: uma mudança do clima que pode ser identificada por mudanças na média de suas propriedades e que persiste por um período de décadas. A mudança climática pode ser devido a processos internos naturais ou forças externas tais como modulações dos ciclos solares, erupções vulcânicas e mudanças antropogênicas persistentes na composição da atmosfera ou no uso da terra.

*indicadores-chave do clima: conjunto de variáveis que podem apontar coletivamente a importantes mudanças globais em todo o ambiente atmosférico, domínios oceânicos, criosféricos e biosféricos. Tomados em conjunto, espera-se que esses indicadores tenham mudado e continuem a mudar no futuro de uma forma coerente e consistente.

[Não gostei da palavra 'espera-se', isso não é factual...]

*sistema climático: consiste em atmosfera, hidrosfera, criosfera, litosfera e biosfera e as interações entre elas. O sistema climático tem suas mudanças no tempo sob a influência de sua própria dinâmica interna e por causa de forças externas, como erupções vulcânicas, variações solares, forçamento orbital e forçamentos antropogênicos, como a mudança na composição da atmosfera e mudança no uso da terra.

[Com tantos fatores responsáveis por mudanças climáticas, a grande maioria deles totalmente fora do controle da raça humana, qual será a porcentagem de participação humana nas causas de mudança do clima?].

O segundo material que li foi o anexo I, intitulado 'produto de observações'.

Este anexo lista os conjuntos de dados de observações usados pelo Grupo de Trabalho I do IPCC utilizado na elaboração do sexto relatório de avaliação.

Extraí deste anexo os links de algumas das fontes de informação que foram utilizadas:

http://agage.mit.edu/data

http://apdrc.soest.hawaii.edu/projects/Argo/data/gridded/On_standard_levels/index-1.html

http://aphrodite.st.hirosaki-u.ac.jp/products.html

http://atmenv.envi.osakafu-u.ac.jp/aono/kyophenotemp4/

http://badc.nerc.ac.uk/data/nocs_flux/

http://ceres-tool.larc.nasa.gov/ord-tool/

http://data.ec.gc.ca/data/climate/scientificknowledge/climate-research-publication-based-data/northern-hemisphere-blended-snow-extent-and-snow-mass-time-series/

http://disc.sci.gsfc.nasa.gov/

http://gewex-vap.org/

http://imars.marine.usf.edu/cariaco

http://nsidc.org/cryosphere/sotc/sea_ice.html

http://oaflux.whoi.edu/

http://promice.org/

http://urban.fmi.fi

http://www.berkeleyearth.org

http://www.bgc-jena.mpg.de/CarboScope/

http://www.bom.gov.au/climate/current/

http://www.bom.gov.au/climate/data/acorn-sat/

http://www.bom.gov.au/climate/maps/rainfall

https://www.climatecollege.unimelb.edu.au/

http://www.climatedatalibrary.cl/SOURCES/

http://www.climdex.org

http://www.coriolis.eu.org/Science2/Global-Ocean/CORA

http://www.globalchange.umd.edu/ceds/

http://www.iac.ethz.ch/groups/seneviratne/research/

http://www.iagos-data.fr/

http://www.igacproject.org/activities/TOAR

http://www.iup.uni-bremen.de/gome/wfdoas/merged/

http://www.nerc-bas.ac.uk/icd/gjma/sam.html

http://www.remss.com/measurements/rain-rate/

http://www.remss.com/measurements/upper-air-temperature/

http://www-users.york.ac.uk/~kdc3/papers/coverage2013/series.html

https://acd-ext.gsfc.nasa.gov/Data_services/cloud_slice/new_data.html

https://acd-ext.gsfc.nasa.gov/Data_services/merged/index.html

https://aeronet.gsfc.nasa.gov/data_push/AOT_Level2_Monthly.tar.gz

https://cfs.ncep.noaa.gov/cfsr/

https://climate.esa.int/en/projects/ocean-colour/

https://climate.rutgers.edu/snowcover/

https://climatedataguide.ucar.edu/climate-data/waswind-wave-and-anemometer-based-sea-surface-wind_WCRP/

https://crudata.uea.ac.uk/cru/data/hrg/cru_ts_4.02/

https://crudata.uea.ac.uk/cru/data/hrg/cru_ts_4.03/

https://crudata.uea.ac.uk/cru/data/hrg/cru_ts_4.04/

https://crudata.uea.ac.uk/cru/data/temperature/

https://data.giss.nasa.gov/gistemp/

https://datadryad.org/stash/dataset/doi:10.5061/dryad.qrfj6q5cb

https://dataservices.gfz-potsdam.de/pik/showshort.php?id=escidoc:4855898

https://disc.gsfc.nasa.gov/datasets/TRMM_3B42_7/

https://doi.org/10.6084/m9.figshare.7894976

https://doi.pangaea.de/10.1594/PANGAEA.849262

https://ds.data.jma.go.jp/tcc/tcc/products/elnino/cobesst/cobe-sst.html

https://eosweb.larc.nasa.gov

https://eosweb.larc.nasa.gov/project/MISR/MIL3YAEN_4

https://esgf-node.llnl.gov/search/obs4mips/

https://fapar.jrc.ec.europa.eu/Home.php

https://gmao.gsfc.nasa.gov/reanalysis/MERRA-2/

https://gracefo.jpl.nasa.gov/data/grace-fo-data

https://hydro1.gesdisc.eosdis.nasa.gov/data/GLDAS/GLDAS_NOAH10_M.2.0/

https://icoads.noaa.gov/

https://jra.kishou.go.jp/JRA-25/index_en.html

https://ladsweb.modaps.eosdis.nasa.gov/search/order

https://lance.nsstc.nasa.gov/amsr2-science/data/level2/rainocean/

https://marine.copernicus.eu/access-data/ocean-monitoring-indicators

https://nsidc.org/data/g02131

https://nsidc.org/data/g02202

https://nsidc.org/data/nsidc-0051

https://nsidc.org/data/nsidc-0079

https://psl.noaa.gov/data/gridded/data.cpc.globalprecip.html

https://psl.noaa.gov/data/gridded/data.ncep.reanalysis.html

https://public.satproj.klima.dwd.de/data/GVAP_data_archive/v1.0/TCWV/long/

https://researchdata.ands.org.au/rainfall-estimates-gridded-v1-2019/1408744

https://wald.anu.edu.au/data_services/data/mswep-multi-source-weighted-ensem%C2%ADble-pre%C2%ADcip%C2%ADi%C2%ADta%C2%ADtion/

https://woudc.org/

https://wui.cmsaf.eu/safira/action/viewDoiDetails?acronym=HOAPS_V002

https://www.chc.ucsb.edu/data/chirps

https://www.cpc.ncep.noaa.gov/data/indices/

https://www.ecad.eu/

https://www.ecmwf.int/en/forecasts/datasets/reanalysis-datasets/cera-20c

https://www.ecmwf.int/en/forecasts/datasets/reanalysis-datasets/era-20c

https://www.ecmwf.int/en/forecasts/datasets/reanalysis-datasets/era5

https://www.ecmwf.int/en/forecasts/datasets/reanalysis-datasets/era-interim

https://www.esrl.noaa.gov/gmd/ccgg/trends/data.html

https://www.esrl.noaa.gov/psd/data/20thC_Rean/

https://www.esrl.noaa.gov/psd/data/gridded/data.ghcngridded.html

https://www.esrl.noaa.gov/psd/data/gridded/data.kaplan_sst.html

https://www.esrl.noaa.gov/psd/enso/mei/

https://www.euroclimhist.unibe.ch/en/

https://www.fdr.uni-hamburg.de/record/8559#.YEtN09xxXIU

https://www.globalcarbonproject.org/

https://www.glodap.info/

https://www.gtn-g.ch/data_catalogue_glathida/

https://www.metoffice.gov.uk/climate/uk/data/haduk-grid/haduk-grid

https://www.metoffice.gov.uk/hadobs/

https://www.metoffice.gov.uk/hadobs/hadat/

https://www.metoffice.gov.uk/hadobs/hadcrut4/

https://www.metoffice.gov.uk/hadobs/hadex3/

https://www.metoffice.gov.uk/hadobs/hadghcnd/

https://www.metoffice.gov.uk/hadobs/hadisd/

https://www.metoffice.gov.uk/hadobs/hadisdh/

https://www.metoffice.gov.uk/hadobs/hadisst/

https://www.metoffice.gov.uk/hadobs/hadnmat2/

https://www.metoffice.gov.uk/hadobs/hadslp2/

https://www.ncei.noaa.gov/products

https://www.ncdc.noaa.gov/ghcnm/

https://www.nodc.noaa.gov/OC5/woa18/woa18data.html

https://www.seanoe.org/data/00412/52367/

https://www.star.nesdis.noaa.gov/smcd/emb/mscat/

www.gosat.nies.go.jp/en/recent-global-ch4.html

No capítulo 3 que trata da influência humana no sistema do clima temos as seguintes páginas de interesse:

12-23: influência humana na atmosfera e superfície.

37-47: influência humana nas grandes mudanças de temperatura.

47-53: influência humana na criosfera.

55-67: influência humana no oceano.

68-71: influência humana na biosfera.

73-88: influência humana nos modos de variabilidade do clima.

Na página 100, lendo a resposta à pergunta FAQ 3.1: 'Como sabemos que os humanos são responsáveis pelas mudanças climáticas', destaco os seguintes pontos:

*O papel dominante dos humanos na condução das recentes mudanças climáticas é conclusão de simulações de computador.

*O clima é influenciado por variações na atividade do sol, por grandes erupções vulcânicas, pelo o aumento das concentrações atmosféricas de gases de efeito estufa.

*Os modelos climáticos representam o estado da atmosfera e incluem uma representação do oceano, do gelo marinho e dos principais processos do clima.

*Simulações mostram que processos naturais sozinhos não podem explicar a forte taxa de aquecimento observada.

*O aquecimento observado (1850-2018) só é reproduzido em simulações que incluem influência humana.

Minhas perguntas:

O aquecimento observado a partir de 2018 até o momento é coerente com o apresentado pelas simulações?

Qual a margem de erro das previsões de tempo para uma semana, um mês, um ano?

Qual a margem de erro dos resultados das simulações nos modelos climáticos?

Que fatores ainda não foram considerados nos modelos climáticos? Nuvens, ventos, fenômenos de força-maior?

Previsão do tempo

E você leitor, o que pensa?

Qual a sua previsão do tempo?

Depois desse periodo de aquecimento global virá o fim da humanidade ou virá um periodo de esfriamento global?

O planeta sobreviverá e continuará habitável?

Leitura recomendada

'Crie seu próprio observatório' é o título do livro que recomendo a leitura. Foi escrito em parceria com meu amigo Carlos Fernando Carvalho de Casrro.

No prefácio do livro o Carlos explica:

"As mais diversas questões são discutidas frequentemente com base em informações incorretas, incompletas ou até mesmo preconceituosas. Ora, por que seguir esse caminho? Não parece mais sensato, para analisar qualquer questão sem "pré-conceitos", apoiar-se em dados confiáveis e atualizados?

...

Crie seu observatório! Jogue luz sobre temas que lhe interessem.

...

Definidos o tema e o período a observar, a etapa seguinte é escolher os indicadores.

...

as principais características de um indicador devem ser:

•Precisão: indicadores obtidos com rigor técnico de acordo com padrões pré-estabelecidos;

•Relevância: indicadores que permitam interpretações e análises de sua evolução no tempo;

•Clareza: a definição do indicador não pode dar margem a dúvidas ou ambiguidades;

•Acessibilidade: permitir a consulta e confirmação dos valores a todos os interessados, através de sistemas abertos e de fácil consulta

•Mensurabilidade: Deve ser claramente definida a metodologia de coleta de dados que será seguida ao longo do tempo.

Observação Importante: Não confunda indicadores com dados. Os dados são coletados para gerar os indicadores. Enquanto os dados indicam apenas uma determinada medida numa certa data, por exemplo, número de habitantes, os indicadores indicam as relações, ou seja, expressam grandezas, em valores absolutos ou médios, bem como permitem avaliar o aumento ou diminuição dessas grandezas ao longo do tempo.

...

A escolha de bons indicadores está inexoravelmente ligada à qualidade das fontes responsáveis pela coleta de dados...

Entre as qualidades fundamentais de uma boa fonte destacam-se:

•Confiabilidade: Somente poderão ser obtidos resultados consistentes para um Observatório quando os indicadores forem obtidos a partir de fontes insuspeitas e que tenham credibilidade junto à área acadêmica e técnica;

•Periodicidade: É fundamental que sejam elegidas fontes que tenham periodicidade de fornecimento de dados bem definida e já estabelecida;

•Comparabilidade: Para dar ao Observatório condições para ser utilizado em análises comparativas é desejável que as fontes utilizadas permitam comparações com fontes semelhantes empregadas em outras regiões ou países;

•Certificação: É desejável que as fontes sejam auditáveis, isto é, seja possível verificar a correção dos dados apresentados.

...

Sempre que possível é recomendável que se trabalhe com fontes primárias, ou seja, aquelas fontes que são responsáveis pelos levantamentos de dados.

...

o terreno das análises não deve ser a preocupação de quem cria um Observatório. É uma etapa posterior. O importante apenas é ter em vista que a qualidade de tais análises será diretamente proporcional à qualidade do Observatório.

...

A propósito da ligação entre os indicadores e o terreno das análises e tendências é abordada com muita propriedade no livro Factfullness: - o hábito libertador de só ter opiniões baseadas em fatos de Hans Rosling – Editora Record, do qual reproduzimos abaixo um parágrafo da introdução:

"Se você estiver mais interessado em estar certo do que continuar a viver em sua bolha, se estiver disposto a mudar sua visão de mundo, se estiver pronto para substituir reações instintivas por pensamentos críticos e se estiver se sentindo humilde, curioso e pronto para se maravilhar, então por favor leia esse livro".

Sobre o autor

Décio Martins de Medeiros: Engenheiro de Eletrônica, ex-Executivo da HP/Agilent. Ex-consultor de gestão empresarial. Autor de livros de enxadrismo, causos, poesias, teologia, gestão, genealogia e memórias.

Conheça as capas e sinopses dos livros do autor:

https://sites.google.com/view/autordeciomartinsdemedeiros/

www.ingramcontent.com/pod-product-compliance
Lightning Source LLC
LaVergne TN
LVHW010120170826
845678LV00012B/2507
* 9 7 9 8 2 3 0 5 0 8 6 2 5 *